VENTE DU VENDREDI 2 AVRIL 1897

HOTEL DROUOT, SALLE N° 8

ESTAMPES

MODERNES

GRAVÉES AU BURIN

ET

A L'EAU-FORTE

Me Maurice DELESTRE	M. DUPONT Ainé
COMMISSAIRE PRISEUR	MARCHAND D'ESTAMPES
5, Rue Saint-Georges, 5	15, Rue de Seine, 15

CATALOGUE (N° 153)

D'ESTAMPES

MODERNES

GRAVÉES AU BURIN

ET

A L'EAU-FORTE

Par et d'après **Allais, Baudry, Bertinot, Blanchard, Bracquemond, Buhot, Calamatta, Corot, Courtry, Danguin, P. Delaroche, Desboutin, Flameng, Forster, F. Gaillard, Gaujean, Goeneutte, Henriquel-Dupont, Ingres, Ch. Jacque, L. Leloir, Lamotte, Leys, Meissonier, Millet, Morse, Pignet, Rajon, Rosa Bonheur, Roybet, Rudaux, Vion, Waltner, Whistler,** etc., etc.

La plupart en épreuves d'Artiste

DONT LA VENTE AURA LIEU

HOTEL DES COMMISSAIRES-PRISEURS, RUE DROUOT

Salle N° 8

Le Vendredi 2 Avril 1897

à deux heures précises

Par le ministère de Mᵉ **MAURICE DELESTRE**, commissaire-priseur

Rue Saint-Georges, N° 5

Assisté de M. **DUPONT aîné**, marchand d'Estampes, rue de Seine, n° 15

Paris — 1897

CONDITIONS DE LA VENTE

Elle sera faite au comptant.

Les acquéreurs paieront cinq pour cent en sus des enchères applicables aux frais.

M. Dupont se réserve la faculté de réunir les lots.

L'Ordre du Catalogue sera suivi.

DÉSIGNATION

ABOT et BOILVIN

1 — La Promenade. — La Toilette, d'après Boilly. Deux pièces avant toutes lettres dont une sur Japon.

ALLAIS (P.)

2 — Virginie sur le vaisseau, d'après Jules Lefebvre. Très belle épreuve d'artiste sur chine.

BAUDRY (d'après)

3 — Rome. — Naples, par Bellay. Deux pièces, très belles épreuves sur chine.

4 — Diane surprise, par Morse. Très belle épreuve d'artiste sur chine.

BERTINOT (G.)

5 — Hérodiade, d'après Luini. Très belle épreuve d'artiste sur chine.

BERTINOT et HUOT

6 — Pénélope. — Phryné, d'après Marchal Deux pièces, belles épreuves sur chine.

BERTON et SURANO

7 — Billets de bal. Quatre pièces, dont trois épreuves d'artiste sur chine, en couleur.

BLANCHARD (A.)

8 — Les Saisons, d'après Alma Tadéma. Suite de quatre pièces, épreuves d'artiste sur chine, signées.

9 — La Peinture. — La Sculpture ; intérieurs d'ateliers sous l'ancienne Rome, d'après Tadéma. Deux pièces, très belles épreuves d'artiste sur chine, signées.

10 — Ecrans, d'après Boucher. Deux pièces, très belles épreuves sur chine.

11 — Portrait de Gounod, d'après Dubuffe, in-fol. Très belle épreuve avant la lettre sur chine.

BRACQUEMOND

12 — Sarcelles. (H. B. 111). — Vanneaux et sarcelles. (175). Deux pièces, très belles épreuves avant la lettre.

13 — Le lapin de garenne. (220). Très belle épreuve non entièrement terminée.

14 — Les deux amis, d'après Decamps (249). Epreuve avant toutes lettres. Très rare.

15 — Le singe et le chat, d'après Ad. Moreau. (795). Très belle épreuve d'artiste sur parchemin, signée.

BROWNE (H.)

16 — La Robe de Joseph, d'après Bida. Très belle épreuve avant la lettre.

BUHOT (F.)

17 — La Fête nationale du 30 juin au Boulevard Clichy (H. B. 127). Très rare épreuve dont les croquis autour de la planche ne sont pas entièrement terminés.

BURNEY

18 — Mme Edmond Adam, in-4. Très belle épreuve avec remarque, sur japon.

19 — Mlle Brandès, d'après Chartran. Très belle épreuve avant la lettre.

20 — Pierre Corneille, in-4. Très belle épreuve de remarque sur chine, signée.

CABANEL (d'après)

21 — Son portrait, par G. Lévy, in-fol. Très belle épreuve avec remarque, sur chine.

22 — Aglaé et Boniface, par Biot. Belle épreuve avant la lettre sur chine.

CALAMATTA (L.).

23 — Le Vœu de Louis XIII, d'après Ingres (H. B. 2). Très belle épreuve avant toutes lettres, dite avec le *pied blanc*.

24 — Françoise de Rimini, d'après Ary Scheffer (4). Epreuve d'essai avant toutes lettres.

25 — La Joconde, d'après Léonard de Vinci (6). Superbe et très rare épreuve d'artiste tirée avant l'aciérage, sur chine.

26 — Portrait de M. Ingres (19). Très belle épreuve d'artiste avec les noms à la pointe, sur chine.

27 — Marcotte d'Argenteuil. — Mme Marcotte (25-26). Deux pièces, très belles épreuves d'artiste sur chine.

28 — George Sand, in-fol. (41). Très belle épreuve avant la lettre sur chine.

CAREY

29 — Le Mercredi des cendres, d'après Stevens. Belle épreuve avant toutes lettres sur chine.

CARRÉ (J.)

30 — Le chanteur de ballades, d'après Brozick. Très belle épreuve sur japon.

CHAMPOLLION et **DE MARE**

31 — Les Saisons, d'après Lancret. Suite de quatre pièces, très belles épreuves d'artiste sur chine.

CHAPLIN (d'après)

32 — La Dame au chapeau, par Hédouin. Très rare épreuve d'artiste sur japon. Plus une copie.

33 — La jeune fille au chat, par G. Poynot. Epreuve d'artiste sur parchemin, signée.

COROT (d'après)

34 – Chaumières au bord d'une rivière, par L. Gautier. Deux pièces faisant pendants, épreuves d'artiste sur parchemin, signées.

COURTRY (Ch.)

35 — Salomé, d'après H. Régnault. Très belle épreuve d'artiste sur chine.

36 — Portrait de femme avec un grand chapeau. Epreuve d'artiste sur japon, signée.

37 — Vaches au pâturage, d'après Van Marcke. Deux pièces avant la lettre, dont une sur japon, signée.

DANGUIN

38 — La Maîtresse du Titien (H. B. 9). Très belle épreuve sur chine.

39 — Le Parnasse, d'après Mantégna (14). Très belle épreuve d'artiste sur chine.

40 — Le Christ au tombeau (15). — La Charité d'après André del Sarte (17). Deux pièces, très belles épreuves avant la lettre sur chine.

DE BLOIS (C. T.)

41 — Le Baiser, d'après Carolus Duran. Très belle épreuve sur chine.

42 — An ancient Custom, d'après Edwin Long. Epreuve d'artiste sur chine, signée.

43 — L'Evanouissement de Ste Catherine de Sienne, d'après le Sodoma. Très belle épreuve de remarque sur chine.

DELACROIX (d'après)

44 — Les Massacres de Scio, par J. Pelissier. Très belle épreuve avec remarque, sur chine.

45 — Médée, par Geoffroy. — Juives d'Alger, par Waltner. Deux pièces, épreuves d'artiste sur chine.

DELAISTRE

46 — Raphaël et la Fornarine, d'après Devéria. Très belle épreuve avant la lettre sur chine, signée

DELAROCHE (d'après P.)

47 — Marie-Antoinette sortant du Tribunal révolutionnaire, par Alph. François. Belle épreuve sur chine

48 — La Mort du Président Duranti, par Pelée. Très belle épreuve avant la lettre.

DESBOUTIN

49 — Portrait d'homme, d'après Rembrandt. Epreuve du 1er état sur japon, signée.

DESVACHEZ

50 — Charles Ier en pied près de son cheval, d'après Vandyck. Très belle épreuve d'artiste sur chine.

DIAZ (d'après)

51 — Pygmalion et Galatée, par J. Jacquet. Très belle épreuve d'artiste sur chine, signée.

DIDIER (A.).

52 — Les Trois grâces, d'après Raphaël. Très belle épreuve d'artiste sur chine, signée.

DOHERTY (Th.)

53 — Requête aux Chiens de qualité. Très belle épreuve d'artiste signée. Rare.

DU BOUCHET (H.)

54 — Portrait de B. Castiglione, d'après Raphaël. Très belle épreuve d'artiste sur chine. Signée.

FALÉRO (d'après)

55 — L'Annonciation aux bergers. Très belle épreuve d'artiste sur chine.

FLAMENG (Léop.)

56 — Angélique, d'après Ingres. Très belle épreuve d'artiste sur chine, signée.

57 — Le docteur Huxley, d'après John Collyer, in-fol. Epreuve d'artiste sur japon, signée.

58 — Going westward, d'après Parsons. Epreuve de remarque sur hollande.

FORSTER

59 — Les Trois grâces, d'après Raphaël. Très belle épreuve avant la lettre sur chine. Rare.

60 — La même estampe. Belle épreuve sur chine.

FOUQUET (G.)

61 — Jeune femme tenant une canne, d'après Vanden Bos. Epreuve d'artiste sur japon, signée.

62 — La Paie des faucheurs, d'après Lhermitte. Epreuve d'artiste sur japon.

FRAIPONT (G.)

63 — Promesses, d'après Vinéa. Très belle épreuve avec remarque sur japon.

FRANCIN

64 — La Promenade en barque. Epreuve de remarque sur parchemin, signée.

FRANCK (J.)

65 — Le Prisonnier, d'après Gérôme. Très belle épreuve d'artiste sur chine, signée. Rare.

66 — St-François secourant les prisonniers. Très belle épreuve avant la lettre, signée.

FRANÇOIS (A.)

67 — Un militaire recevant une jeune dame, d'après Metzu. Très belle épreuve d'artiste sur chine, signée.

FRANÇOIS (J.)

68 — Portrait de Mme Vernet-Delaroche, médaillon in-8. Epreuve d'artiste sur chine, signée. Très-rare.

GAILLARD (F.)

69 — Son portrait par T. de Mare. — F. Mistral, in 8. Deux pièces, épreuves d'artiste sur japon.

70 — Horace Vernet, d'après Paul Delaroche (H. B. 9.). Epreuve d'artiste sur chine.

71 — Œdipe, d'après Ingres (24). Très belle épreuve d'artiste, avec les noms à la pointe, sur chine, signée.

72 — L'Homme à l'œillet, d'après Van-Eyck. (25.). Très belle épreuve avant toutes lettres de la planche coupée, sur japon.

73 — Le Crépuscule, d'après Michel-Ange (32). Très belle épreuve avant toutes lettres sur chine.

74 — St-Sébastien (34). Très belle épreuve avant toutes lettres sur chine.

75 — Les Pélerins d'Emmaüs, d'après Rembrandt (43). Très belle épreuve d'artiste, signée.

76 — La Sœur Rosalie (48). Très belle épreuve sur chine.

GAUJEAN (E.).

77 — Souvenirs, d'après Chaplin. Epreuve d'artiste sur chine, imprimée en couleurs.

78 — Idylle, d'après Deyrolle. Epreuve d'artiste sur japon.

79 — Fragment de triptyque. Très belle épreuve d'artiste sur japon.

GAUTIER (L.).

80 — Marine, d'après Turner. Très belle épreuve de remarque sur parchemin, signée.

81 — Combat en Amérique d'après Chéca. Epreuve de remarque sur japon, signée.

GÉRICAULT (d'après)

82 — Le Derby d'Epsom, par Courtry. Très belle épreuve de remarque sur parchemin, signée.

GIRARDET (L.).

83 — La Surprise. — Les Amusements champêtres. Deux pièces avant la lettre, en couleur.

GŒNEUTTE (N.).

84 — Le Concert. Belle épreuve d'artiste sur japon.

85 — La Bergerie. Très belle épreuve avec remarques sur chine volant.

86 — Jeune femme debout avec un grand manteau tenant un livre. Très belle épreuve. Rare.

GREUX (G.).

87 — Paysage, d'après Hobbéma. Epreuve d'artiste sur japon, signée.

HENRIQUEL-DUPONT.

88 — Son portrait, par Ch. Bellay. Très belle épreuve d'artiste sur chine.

89 — Louis-Philippe, en pied, d'après Gérard (50). Belle épreuve avant la lettre sur chine.

90 — La Princesse Marie d'Orléans dessinant, d'après Ary Scheffer. (H. B. 62). — La princesse Hélène duchesse d'Orléans (78). Deux pièces, très belles épreuves d'artiste.

91 — Pierre le-Grand, d'après Paul Delaroche (66). Superbe épreuve avec les noms d'artistes à la pointe sur chine.

92 — Bertin ainé, d'après Ingres (67). Superbe épreuve d'artiste avec les noms à la pointe sur chine.

93 — L'Hémicycle du Palais des Beaux-Arts, d'après Paul Delaroche (81). Très belle estampe en trois feuilles non assemblées, avant la lettre sur chine et à toutes marges.

94 — Le Comte de Montalivet (95). Très belle épreuve d'artiste sur chine, signée.

95 — Jeanne d'Arc, d'après Bénouville (100). Très belle épreuve avant toutes lettres sur chine.

HENRIQUEL et MERCURY.

96 — Lord Strafford. — Jane Grey, d'après Paul Delaroche. Deux pièces, anciennes épreuves.

HUOT (A.).

97 — La Cigale. — Ophélie, d'après Jules Lefèbvre. Deux pièces, très belles épreuves d'artiste sur japon, signées.

98 — La Lettre d'amour, d'après Toulmouche. Très belle épreuve sur chine.

99 — Ecce homo, d'après Gustave Doré. Très belle épreuve d'artiste sur chine, signée.

INGRES (d'après).

100 — Son portrait, par Alph. François. Très belle épreuve, avant la lettre sur chine,

101 — La Muse de Chérubini, par Bertinot. Superbe épreuve d'artiste sur chine, signée.

102 — Saint-Symphorien, par A. François. Très belle épreuve avant la lettre sur chine.

103 — *Tu Marcellus eris*, par C S. Pradier. Très belle épreuve avant la lettre. Très rare.

104 — Jeanne d'Arc, grand in-fol. Très belle épreuve avec remarque sur Japon.

105 — La Source, par Ad. Salmon. — Angélique, par Desvachez. Deux pièces, très belles épreuves d'artiste sur chine, signées.

106 — Œdipe, par Ad. Salmon. Très belle épreuve d'artiste sur chine.

107 — La Comtesse d'Agoult et sa fille, comtesse de Charnacé, par Ad. Salmon. Très belle épreuve d'artiste sur chine, signée. Rare.

108 — Triomphe de Napoléon, par Ad. Salmon. Epreuve d'artiste sur chine.

109 — Jules César, par Ad. Salmon. Epreuve d'artiste sur chine, signée.

JACQUE (d'après Ch.)

110 — Le Retour du troupeau, par Lucien Gautier. Très rare épreuve de remarque sur parchemin avant la planche coupée.

111 — La même estampe, la planche plus petite. Epreuve d'artiste sur Japon.

112 — Le Troupeau dans l'étable, par L. Gautier. Très belle épreuve avec remarque sur parchemin, signée.

JACQUET (J.)

113 — Ex-voto, d'après Largillière. Très belle épreuve d'artiste sur chine.

114 — Le Sacrifice, d'apr. H. Leroux. Très belle épreuve d'artiste sur chine.

115 — Les Muses. — L'Astronomie, d'après Lesueur. Trois pièces, très belles épreuves avant la lettre sur chine.

JAZINSKI

116 — La Jeune mère. — Portrait d'homme. Deux épreuves d'artiste sur chine.

KOEPPING

117 — Les Rôdeurs de nuit, d'après Munkacsy. Très belle épreuve sur chine.

KRATKÉ (L.)

118 — La Vaneuse, d'après Jules Breton. Très belle épreuve de remarque sur parchemin, signée.

119 — Le Cottage, d'après Constable. Très belle épreuve de remarque sur parchemin, signée.

120 — Paysage, d'après Decker. Très belle épreuve d'artiste sur japon, signée.

121 — La Récolte des œillettes, d'après Laugée. Très belle épreuve avec remarque sur parchemin, signée.

LAGUILLERMIE

122 — Les Massacres de Scio, d'après Eug. Delacroix. Très belle épreuve d'artiste sur chine, signée.

123 — La mort du général Marceau, d'après J. P. Laurens. Très belle épreuve d'artiste sur chine, signée.

LALAUZE (Ad.)

124 — Louis XIV et Molière, d'après Wetter. Belle épreuve avant la lettre sur chine.

LAMOTTE

125 — La Source, d'après Munier. — Fille d'Eve, d'après Faléro. Deux pièces, très belles épreuves de remarque sur chine, dont une signée.

126 — La Voix céleste, d'après Hébert. Très belle épreuve de remarque sur chine.

127 — Soins maternels. — Petite curieuse, d'après Lobrichon. Deux pièces avant la lettre sur chine.

128 — Charlotte Corday dans sa prison, d'après Muller. Très belle épreuve de remarque sur chine.

LE COUTEUX (L.)

129 — Propos galants, d'après Roybet. Très belle épreuve de remarque sur japon, signée.

LEFÈVRE (A.)

130 — Antiope, d'après le Corrège. Très belle épreuve d'artiste sur chine.

LEFORT (H.)

131 — Portrait de Pasteur, d'après Edelfeld. Très belle épreuve de remarque sur japon, signée.

LELOIR (d'après Louis)

132 — Spadassin, par Jeannin. Très belle épreuve d'artiste sur japon.

133 — Un Raffiné, par Ruet. Très belle épreuve d'artiste sur parchemin, signée.

134 — Le petit favori, par Ruet. Très belle épreuve de remarque sur japon.

LEROUX

135 — Léda, d'après Léonard de Vinci. Très belle épreuve lettres grises.

LEROY (Alph.)

136 — L'Embarquement pour Cythère, d'après Watteau. Très belle épreuve d'artiste sur japon. — Plus une épreuve avec la lettre.

LETERRIER (P.)

137 — La lessive, d'après Mme Demont-Breton. Epreuve de remarque sur parchemin, signée.

LEVASSEUR

138 — La Pêche. Très belle épreuve d'artiste sur chine, signée.

139 — Racine et Chapelle, d'après Tournières. Epreuve d'artiste sur chine.

LEYS (d'après)

140 — Le Cabinet d'Erasme, par Demannez. Très belle épreuve avant la lettre sur chine.

141 — Cérémonie funèbre au moyen-âge, par Michiels. Epreuve avant la lettre sur chine.

LURAT

142 — Séance d'hypnotisme du docteur Charcot. Très belle épreuve de remarque sur japon.

MANESSE

143 — Mme de Beereysteine, d'après Frans Hals. Très belle épreuve d'artiste sur japon, signée.

MARTINET (Ach.)

144 — Jésus et la femme adultère, d'après Signol. Très belle épreuve avant la lettre sur chine.

145 — Martyre de Ste-Juliette et de Ste Brigitte, d'après Heim. Très belle épreuve d'artiste sur chine, signée.

MASSARD (L.)

146 — Portrait de Bonnat, d'après lui-même. Très belle épreuve d'artiste sur chine.

MATHEY (Arm.)

147 Portrait de femme d'après Holbein. Superbe épreuve d'artiste sur japon, signée.

MAUDUISON

148 — Les Saisons, d'après Ludovici. Suite de quatre pièces, très belles épreuves d'artiste sur chine, signées.

MEISSONIER (d'après)

149 — Son portrait par Le Rat. — Autre par Waltner. Deux pièces avant la lettre.

150 — Le Liseur assis, par Boilot. Très belle épreuve de remarque sur japon, signée.

151 — Le petit liseur assis, par Boilot. Epreuve de remarque sur parchemin, signée. Trés rare.

152 — Polichinelle, par Boilot. Très belle épreuve de remarque sur parchemin. signée.

153 — Les Amateurs d'estampes, par Courtry. Très belle épreuve avec remarque sur japon.

154 — Deux lansquenets, par Flameng. Très belle épreuve d'artiste sur japon, signée. Rare.

155 — Le Comte de Chévigné, par Français. Belle épreuve avant la lettre sur chine. Très rare.

156 — Sur la route d'Antibes, par L. Gautier. Très belle épreuve de remarque sur parchemin.

157 — Sous le balcon, par Gilbert. Epreuve de remarque sur japon, signée.

158 — Mil huit cent sept, par Jules Jacquet. Très belle épreuve avant la lettre sur chine.

159 — M. Stamford, par Jules Jacquet, in-fol. Très belle épreuve d'artiste sur chine. Rare.

160 — Joueur de Mandoline, par Leterrier. Epreuve d'artiste sur parchemin.

161 — La Halte. — Le peintre d'enseignes. par Margelidon. Deux pièces avant la lettre sur japon, dont une signée.

162 — Alexandre Dumas fils, par Mongin. Très belle épreuve d'artiste sur chine, signée.

163 — Le Chant, par Adr. Nargeot. Très belle épreuve de remarque sur japon, signée.

164 — Sur le rempart, par Prieux. Très belle épreuve d'artiste sur parchemin.

165 — Le porte-drapeau, par Ruet. Très belle épreuve de remarque sur parchemin, signée.

166 — Le Docteur. — Le Chant, par Toussaint. Deux pièces, épreuves d'artiste sur japon.

167 — Les joueurs de cartes, par Vion. Epreuve d'artiste sur japon.

MERCURY (P.)

168 — Sainte-Amélie, d'après Paul Delaroche (H. B. 8). Belle épreuve avant toutes lettres.

169 — Christophe Colomb (11). Très rare épreuve du 1er état, avant toutes lettres et avant le cadre, toute marge.

170 — Le même portrait. Très belle épreuve avant la lettre, mais avec le cadre.

METZMACHER (E.)

171 — Le Renard et les raisins. Très belle épreuve de remarque sur chine.

MEUNIER (J.-B.)

172 — L'Arquebusier, d'après Madou. Très belle épreuve avant toutes lettres.

173 — La chasse au rat, d'après Madou. Très belle épreuve d'artiste sur chine, signée.

MILLET (d'après J.-F.)

174 — Son portrait, par Bocourt. Très belle épreuve d'artiste sur japon.

175 — L'Angélus. — Les Glaneuses, par Fonce. Deux pièces, très belles épreuves avec remarques sur parchemin, dont une signée.

176 — La Baratteuse, par Kratké. Très belle épreuve avec remarque sur parchemin, signée.

177 — La Fileuse par Kratké. Epreuve avant toutes lettres sur japon.

178 — Le Semeur, par Ch. Thévenin. Epreuve avec remarque sur hollande, signée.

MONZIÈS

179 — Enterrement d'un marin à Villerville, d'après Ulysse Butin. Epreuve avant toutes lettres sur hollande.

MORDANT (D.)

180 — Lawn-Tennis, d'après Lovery. Belle épreuve de remarque sur chine.

MORSE

181 — Fleurs des champs, d'après Edelfeld. Epreuve d'artiste sur chine, signée.

182 — Le Bénédicité d'après Maës. Très belle épreuve d'artiste sur chine, signée.

183 — Pouyer-Quertier, ministre des finances, in-fol. Epreuve d'artiste sur chine.

PENET (L.)

184 — La Fenaison, d'après E. Minet. Epreuve de remarque sur japon.

PIGUET (R.)

185 — La Marguerite, d'après Carrier-Belleuse. Très belle épreuve avec remarques, sur japon, signée.

186 — Danseuses jouant aux cartes, d'après Carrier-Belleuse. Très belle épreuve de remarque sur japon.

POYNOT (G.).

187 — La belle Ferronnière, d'après Léonard de Vinci. Belle épreuve d'artiste sur chine, signée.

RAJON (P.)

188 — Le Bain, d'après Alma Tadéma (H. B. 75). Très belle épreuve tirée en bistre sur bristol.

189 — English beauty, d'après Chalmers (82). Epreuve d'artiste avant toutes lettres sur japon.

190 — Portrait de dame âgée, d'après Rembrandt. (88). Très belle épreuve avant toutes lettres.

191 — Mrs Siddons, d'après Gainsborough. (101). Très belle épreuve d'artiste avec le nom de graveur à la pointe.

192 — Sir Fréderick Leighton, d'après Watts (160). Très belle épreuve sur bristol.

RAPINE (M.)

193 — Le Concert d'après Giorgione. Epreuve d'artiste sur chine, signée.

ROBIN (L.)

194 — Les vendanges. Epreuve de remarque sur japon.

ROSA BONHEUR (d'après)

195 — Rendez-vous de chasse, par L. Gautier. Très belle épreuve de remarque sur parchemin, signée.

196 — Cerfs au repos, par L. Gautier. Epreuve de remarque sur japon, signée.

ROSSI (d'après)

197 — Le Printemps. — L'Eté ; photogravures. Deux pièces, belles épreuves en couleur.

ROUSSEAUX (E.)

198 — La Poésie, la Renommée et la Vérité, d'après le Corrège. Très belle épreuve d'artiste sur chine, signée. — Plus une épreuve avec la lettre.

ROUSSELLE

199 — Le Christ en croix, d'après Prudhon. Epreuve d'artiste avec remarque sur japon.

ROYBET (d'après)

200 — Propos galants, par Milius. Très belle épreuve sur chine.

RUDAUX (d'après)

201 — La Chasse. – La Pêche, par Ch. Dublois. Deux pièces, épreuves d'artiste sur chine.

RUET (L.)

202 — L'atelier du peintre, d'après Maurice Leloir. Très belle épreuve de remarque sur japon, signée.

SALMON (Ad.)

203 — Sébastien del Piombo, d'après le Rosso. Très belle épreuve avant la lettre sur chine, signée.

SOULANGE-TEISSIER

204 — Pâris et Hélène réconciliés par Vénus, d'après Prudhon. Très belle épreuve avant la lettre.

THIBAULT (Ch.)

205 — Les Moissonneuses, d'après Jean Aubert. Très belle épreuve d'artiste sur chine, signée.

206 — Rêverie. — A la source, d'après J. Aubert. Deux pièces, belles épreuves avant la lettre.

THORM (de)

207 — La Jardinière, d'après Emile Adan. Epreuve d'artiste sur japon, signée.

TORNÉ

208 — La Dame au manchon, d'après Masriera. Belle épreuve avec remarque.

TOUSSAINT (H.)

209 — Au bord de la mer, d'après Louise Abbéma. Très belle épreuve d'artiste sur japon.

210 — Les Premières fleurs, d'après Chaplin. Belle épreuve avant toutes lettres, signée.

TROYON (d'après)

211 — Le Retour du marché, par Leterrier. Epreuve d'artiste sur japon, signée.

VALLOT

212 — Entrevue de Napoléon et de Joseph II, d'après Gros. Belle épreuve d'artiste sur chine.

VARIN (E.)

213 — Portrait de M. Deullin, in-fol. Très belle épreuve d'artiste sur chine.

VION

214 — Elisabeth de France, d'après Rubens. Très belle épreuve d'artiste sur chine.

WALTNER (Ch.)

215 — L'Etude, d'après Fragonard. (H. B. 11). Très belle épreuve avec remarque sur japon, signée.

216 — David Ryckaërt, d'après Van Dyck (23). Epreuve d'artiste sur japon, signée.

217 — La Comtesse de Barck, d'après Henri Régnault (47). Très belle épreuve avant la lettre sur hollande, signée.

218 — Mlle Masson, d'après Paul Dubois (50). Très belle épreuve avant toutes lettres sur japon.

219 — Le Consolateur, d'après Paczkai (76). Très rare épreuve avec des croquis dans les marges, sur japon.

220 — La Marquise d'Ormondes, d'après Millais (84). Très belle épreuve d'artiste sur japon.

221 — Willem Daëy, d'après Rembrandt (114). Belle épreuve sur chine.

222 — La Musique, d'après Delaplanche (129). Belle épreuve avant toute lettre sur chine.

223 — Portrait d'homme d'après Rembrandt, in-fol. Epreuve avant toutes lettres sur parchemin.

WÉBER (Fréd.)

224 — Portrait de femme, d'après le Titien. Très belle épreuve avant toutes lettres, signée.

225 — Napoléon et son fils, d'après Steuben. Très belle épreuve avant la lettre sur chine.

WHISTLER

226 — Fumette. Très belle épreuve signée du papillon.

227 — Petit Arthur. Très belle épreuve, signée.

228 — Whistler dessinant, entouré d'enfants ; frontispice. Très belle épreuve, signée.

229 — Whistler dessinant sur les bords de la Tamise ; pointe sèche. Très belle épreuve.

230 — La même estampe. Belle épreuve.

231 — Marins fumant dans un bateau. Très belle épreuve.

232 — Four à chaux sur les bords de la Tamise. Très belle épreuve.

233 — La forge de Perros-Guirec (Côtes-du-Nord) ; pointe sèche. Très belle épreuve. Rare.

234 — Vue de la Tamise ; Wapping wharf « Thames police ». Très belle épreuve du 1er état avant les retouches, signée.

235 — La même estampe. Très belle épreuve du 2e état.

236 — Bords de la Tamise; sur le devant un marin assis dans une barque et le bras appuyé sur le rebord. Belle épreuve.

237 — Bords de la Tamise; sur le devant à gauche un jeune homme assis sur le bord d'un bateau. Belle épreuve.

238 — Bords de la Tamise ; à droite plusieurs bateaux amarrés au quai. Très belle épreuve.

239 — Bords de la Tamise ; sur le devant plusieurs bateaux dans l'un desquels un homme est assis de face. Très belle épreuve.

240 — Bords de la Tamise; à gauche plusieurs bateaux en chargement. Très belle épreuve.

241 — Pont sur la Tamise. Très belle épreuve.

242 — Bords de la Tamise; à gauche une estacade. Très belle épreuve.

243 — Bords de la Tamise ; à gauche trois barques et un pont dans le lointain. Très belle épreuve.

Grande Imprimerie du Centre. — A. HERBIN, à Montluçon.

www.ingramcontent.com/pod-product-compliance
Ingram Content Group UK Ltd.
Pitfield, Milton Keynes, MK11 3LW, UK
UKHW020537180726
13839UKWH00006B/2563